D1316592

Página web: www.culturayfe.es

NOVENA A MARÍA AUXILIADORA

ÍNDICE

EL CUADRO DE MARÍA AUXILIADORA

HISTORIA DEL PINTOR LORENZONE

Lo que preocupaba a don Bosco era el cuadro de la Santísima Virgen Auxiliadora que debía colocarse en el altar mayor del santuario en construcción. En la primera reunión con el pintor Lorenzone, que debía pintarlo, dejó maravillados a todos los presentes con la grandiosidad de sus ideas. Expresó así su pensamiento:

> En lo alto, María Santísima entre los coros angélicos; en torno a Ella y más cerca los apóstoles, después los mártires, los profetas, las vírgenes y los confesores. En tierra, los emblemas de las grandes victorias de María y los pueblos de las distintas partes del mundo con las manos levantadas pidiendo auxilio.

Hablaba como de algo ya visto por él y precisaba todos los detalles. Lorenzone le escuchaba sin perder sílaba. Cuando don Bosco terminó, le preguntó:

- ¿Y dónde pondrá ese cuadro?
- ¡En la nueva iglesia!
- ¿Cree usted que cabrá en ella?
- ¿Por qué no?
-¿Y dónde encontrará la sala para pintarlo?
- Eso va por cuenta del pintor.
- ¿Dónde quiere que halle un espacio capaz para este cuadro? Haría falta toda la plaza Castillo. Salvo que pretenda una miniatura para mirarla con el microscopio.

Todos rieron. El pintor demostró su punto de vista, teniendo en cuenta las medidas y reglas de la proporción. Don Bosco quedó un poco contrariado, pero no tuvo más remedio que reconocer que el pintor llevaba razón.

Se decidió que el cuadro llevara solamente la Virgen, los apóstoles, los evangelistas y algunos ángeles en la parte superior. Al pie del mismo, bajo la gloria de la Virgen, iría el Oratorio.

Se arrendó un amplísimo salón del palacio Madama y el pintor empezó inmediatamente su trabajo; éste le ocuparía casi tres años. Estaba a punto de terminarse el cuadro cuando se dio cuenta de que el magnífico león colocado junto a san Marcos atraía tan poderosamente la atención que la apartaba algo del personaje principal. Tuvo, pues, que darle una expresión menos viva. La Virgen le quedó verdaderamente estupenda.

«Cierto día -cuenta un sacerdote del Oratorio-entré en el estudio del pintor para ver el cuadro. Era la primera vez que yo me tropezaba con Lorenzone. Estaba él sobre una escalerilla dando los últimos toques al rostro de la imagen de la Virgen. No se volvió al ruido de mi entrada, continuó su trabajo. Después de un rato, descendió y se puso a contemplar el efecto que daban los últimos retoques. De pronto se percató de mi presencia: me agarró de un brazo y me llevó a un punto desde donde pudiera apreciar mejor el cuadro y, una vez allí, me dijo:

- ¡Mire qué hermosa es! No es obra mía; no soy yo quien pinta, hay otra mano que guía la mía. Y ésta, a mi parecer, pertenece al Oratorio. Diga, pues, a don Bosco que el cuadro saldrá como él lo quiere.

Estaba locamente entusiasmado. Después se puso de nuevo a su trabajo». Y nosotros añadimos que, cuando se llevó el cuadro a la iglesia y se colocó en su lugar, Lorenzone cayó de rodillas derramando abundantes lágrimas.

EXPLICACIÓN DEL CUADRO

APÓSTOLES DE LA IZQUIERDA

INTRODUCCIÓN

Una de las características que don Bosco quiso reflejar en el cuadro es la de una Iglesia Apostólica. Por eso en el cuadro aparecen todos los apóstoles, excepto Judas Iscariote, sustituido por San Matías. Don Bosco desea que ellos rodeen a la Virgen y la veneren como Madre de la Iglesia, como aquella que anima e impulsa la misión de los discípulos.

SAN SIMÓN

No tenemos más detalles en el evangelio que su nombre. Su calificativo de zelote y cananeo expresan el celo característico de este apóstol predicador del evangelio en Oriente Medio. Su reconocimiento en el cuadro lo hacemos a través de la sierra de leñador que lo partió por la mitad en Persia.

SANTO TOMÁS

El santo mártir, uno de los doce discípulos de Jesús, primer nombre del autor del cuadro, es el conocido como el incrédulo. Sin embargo, palpar las manos y el costado de Jesús le cambió la vida. Fue un gran evangelizador de Asia, llegando hasta la India según la literatura apócrifa donde sirvió a un rey. Fue condenado a muerte y atravesado por las lanzas de los soldados, con la que aparece en el cuadro. Aparece con la mirada hacia abajo en veneración a la Virgen.

SAN BARTOLOMÉ

Este desconocido apóstol del que tenemos pocas referencias fue un gran misionero en Armenia donde fue martirizado por orden del rey Astiges. Muchas veces es representado con su piel, ya que fue desollado y crucificado. En el cuadro aparece con el cuchillo de su martirio.

SAN MATÍAS

La suerte trajo consigo el nombramiento de este último de los apóstoles que según el libro de los Hechos sustituyó a Judas Iscariote, el traidor.

Su anuncio del evangelio por toda Judea y Etiopía, lo llevó también al martirio mediante el apedreamiento y decapitación. Aunque muchas veces aparece representado con un hacha, aquí lo encontramos con la piedra de su martirio.

APÓSTOLES DE LA DERECHA

INTRODUCCIÓN

Una Iglesia misionera y mártir, es la que desea don Bosco. Aunque su deseo de ir a las misiones no se cumplirá, el santo mandará a tantos de sus hijos a gastar sus vidas por los jóvenes de los países más remotos, al igual que él lo hizo en Turín.

Los apóstoles son ejemplo de entrega de la vida hasta el final por la causa del evangelio. Es la Iglesia de don Bosco que se gasta por los más pobres.

SANTO SANTIAGO EL MENOR

El hijo de Alfeo fue el primer obispo en Jerusalén donde desempeñó un importante papel en el primer concilio. Estando predicando en el templo fue arrojado por orden del sumo sacerdote Anás II.

Tras salvarse fue lapidado y rematado con una pértiga de batanero en su cabeza. Con esta aparece representado en el cuadro mirando a la virgen con sencillez y humildad.

SANTIAGO EL MAYOR

INTRODUCCIÓN

Junto a Pedro y Juan, Santiago, el Mayor, fue uno de los discípulos predilectos de Jesús. Con ellos, según los evangelios, aparece el Señor en momentos importantes como la resurrección de la hija de Jairo, la Transfiguración y la agonía del Getsemaní.

UN PESCADOR

Según los evangelios era pescador, junto a Juan, su hermano y su padre Zebedeo, en el lago de Genetsaret o Tiberíades. Se cree que vivía en Betsaida y que su madre era Salomé, mujer que aparece junto a María en la cruz, y que solicitó a Jesús el privilegio de poner a sus hijos a su derecha e izquierda. Su gran energía, junto con su hermano, hizo que Jesús lo bautizara como hijos del trueno (Boanerges). Después de Pedro y Andrés, fue llamado por Jesús al apostolado, mientras pescaba con Juan.

MARTIRIO

El cáliz que tuvo que beber, anunciado por Jesús, está descrito en los Hechos de los apóstoles. Murió a espada por el mandato del rey Herodes, entre el 41 y el 44. Su decapitación fue el principio del martirio de los apóstoles de Jesús.

HISPANIA

Tras la aparición en el lago de Tiberíades, de la que también participa el apóstol, su vida se dispersa. Desconocemos más datos de su historia, aunque se especula que pudo estar en Hispania. Tras esto, regresaría a Jerusalén donde murió. La tradición del traslado de su cuerpo a Galicia, donde reposan sus restos, ha llevado a multitud de peregrinos a venerarlo en Santiago de Compostela.

PATRONO DE ESPAÑA

Su patrocinio en España, no solo del país, sino de muchas ciudades y entidades, ha dado lugar a innumerables fiestas el 25 de julio. Una de las nuevas inspectorías salesianas españolas, renacidas tras la unificación en 2014, recibe su nombre de este apóstol.

SAN PEDRO

Con toga dorada y túnica morada aparece San Pedro, el primer papa, en este hermoso cuadro. A los pies de María, encontramos al primer fundamento de la Iglesia, sobre la que Cristo mismo la erigió.

Tú eres Pedro, y sobre esta piedra edificaré mi iglesia, y el poder de la Muerte no prevalecerá contra ella. Yo te daré las llaves del Reino de los Cielos (Mt 16, 18). Su martirio, crucificado boca abajo, dio a la Iglesia un ejemplo de seguimiento hasta el final.

SAN PABLO

Al lado derecho, tomando su espada y señalando a la Virgen, encontramos al apóstol de los gentiles. Tras convertirse camino de Damasco, el santo no escatimó en fuerzas para llevar el evangelio a todo el mundo conocido.

Fundó y animó a múltiples comunidades con sus cartas, con infinidad de viajes misioneros. Su famoso martirio por decapitación fue fuente de numerosas conversiones.

LOS PILARES DE LA IGLESIA

Como hemos visto, la Iglesia que don Bosco quiere presentar en su cuadro es apostólica, misionera y mártir. Una Iglesia en la que toman una gran importancia estos dos apóstoles, cuya solemnidad celebramos el 29 de junio. Ambos son de vital importancia para la Iglesia romana, ya que Pedro, que ocupó el primer papado de la Iglesia, y Pablo, primer apóstol de los gentiles, fueron martirizados en Roma, en la cárcel Mamertina del foro romano. La unión de ambos, a pesar de sus discusiones y controversias, hizo que la obra de Jesús continuara con la fuerza del Espíritu Santo.

San Pedro fue el primer apóstol llamado por Jesús. Era pescador en el mar de Galilea y se convertirá por mandato de Jesús en pescador de hombres. Sus tres negaciones en la noche de pasión no impidieron que tras la experiencia del Resucitado se dedicara a predicar la buena noticia del evangelio. Lo mismo hizo San Pablo, el gran predicador de los primeros siglos de la Iglesia. El encuentro de ambos en la asamblea de Jerusalén fue un gran paso para la acogida de los creyentes no judíos, de forma que son los pilares fundamentales en la consolidación y propagación de la fe durante la época de los primeros cristianos.

VALDOCCO Y SUPERGA

INTRODUCCIÓN

Entre San Pedro y San Pablo encontramos tras las nubes, un lugar concreto de la tierra. En primer plano están la Basílica de María Auxiliadora de Turín y Valdocco. Al fondo, en la cima del monte, la Basílica mariana de Superga.

VALDOCCO

En este distrito de Turín fundó Juan Bosco su primer Oratorio para sus jóvenes pobres, el Oratorio de San Francisco de Sales. Aunque comenzó con el encuentro con Bartolomé Garelli, el 8 de diciembre de 1841, no se estabilizó hasta que el 1846 don Bosco llegara a un acuerdo con el señor Pinardi.

A partir de ese pequeño cobertizo que convirtió en capilla, el santo fue agrandando sus dimensiones hasta culminar con la construcción de la Basílica de María Auxiliadora, consagrada el 9 de junio 1868, desde donde irradió al mundo entero la devoción a María Auxilium Christianorum.

El Oratorio de Valdocco, la casa madre de la Congregación Salesiana, se ha convertido en el corazón de la Familia Salesiana, el espejo donde se ha mirado para aprender del Sistema Preventivo de don Bosco y de su vida entregada a los jóvenes más pobres.

SUPERGA

La colina de Superga, regada por el río Po, está coronada por una Basílica dedicada a la Virgen de las Gracias, mandada a edificar por el rey Víctor Amadeo II de Saboya en el siglo XVIII para albergar su tumba y la de otros muchos reyes de Cerdeña y otros países.

La frase más famosa de don Bosco, que hace referencia a esta Basílica, la encontramos en sus memorias biográficas: "Para conseguir esto, estaría dispuesto a arrastrar mi lengua en el suelo desde aquí hasta Superga".

Su mensaje hiperbólico era claro: quería que sus muchachos volaran alto, con las alas de María y de Jesús eucaristía, sin dejarse llevar por fines mundanos y malos.

Este santuario, visitado por el santo en varias ocasiones, fue también un centro neurálgico de la devoción mariana en la capital del Piamonte. Se hizo famosa por el trágico accidente de avión del equipo del Torino en 1949 en este lugar.

LOS CUATRO EVANGELISTAS

SAN JUAN

El evangelista aparece representado con una túnica verde y un manto rojo. El verde puede representar la esperanza, por ser escritor del Apocalipsis, y el rojo, la sangre del martirio, que aunque fue el único apóstol que no lo sufrió, no dudó nunca en morir por predicar la palabra de Jesús.

Para San Agustín, Juan vuela como un águila sobre las nubes de la debilidad humana y contempla la luz de la verdad. El águila ha sido la figura que lo ha simbolizado durante siglos, por su visión del Apocalipsis en la isla de Patmos.

La copa con la que aparece nos evoca a aquella tradición que cuenta cómo San Juan, estando en Éfeso, ciudad en la que residió junto a la Virgen durante un tiempo, bendijo una copa envenenada y el veneno subió por ella.

Tras la muerte de María, Juan es perseguido y arrojado en una tinaja de aceite hirviendo. Su salida indemne hace que el emperador lo condene al exilio en la isla de Parmos.

SAN MATEO

Cubierto con un manto blanco aparece el evangelista portando el evangelio en su mano junto a un ángel. Fue uno de los doce apóstoles, cuyo nombre era Leví, supuestamente cambiado por Jesús. Mateo significa 'don de Dios'.

Era publicano y recaudador de impuestos, una profesión mal vista en su tiempo, hasta que fue llamado al seguimiento por el mismo Jesús. En Cafarnaúm lo dejó todo por seguirlo. Tras la resurrección predicó en Judea, Etiopía y Persia. Parece que su martirio fue con una espada tras celebrar la misa.

A Mateo se le representa con un hombre alado o un ángel, como inspirador de su evangelio revelador de la humanidad de Cristo con la genealogía de Jesús al principio del mismo.

Su evangelio fue escrito en el año 80 d.C., aunque algunos dicen que se puedo escribir antes, y constituye el primer libro del nuevo testamento.

Su figura ha tenido gran importancia en la historia de la Iglesia y ha sido representado también en la pintura, con el ejemplo paradigmático de "La vocación de Mateo" de Caravaggio.

SAN MARCOS

Sentado en un león y apoyado en su evangelio aparece este evangelista, autor del evangelio más antiguo de todos. Aparece en los Hechos de los apóstoles, y acompañó a San Pablo en su primer viaje, pero acabará acompañando al final a Bernabé.

Evangelizó en Alejandría, donde se convirtió en el primer obispo de esta ciudad tan importante. Aunque parece que murió de forma natural en el 68 d.C., algunos creen que murió mártir arrastrado por las calles de Alejandría con cuerdas al cuello.

El símbolo del león hace referencia al desierto en el que Juan Bautista, con el que inicia su evangelio, predicó la conversión. El grito del profeta en el desierto es como el rugido del león.

También puede hacer referencia a la fuerza de esta primer evangelio que sirvió como modelo del resto de sinópticos. Es famoso el lugar donde descansan sus huesos, Venecia, en la Basílica construida con su nombre.

SAN LUCAS

Aparece este evangelista junto al apóstol San Pablo, del que fue discípulo y acompañante en muchos de sus viajes. De profesión médico, la tradición dice que nació en la ciudad de Antioquía.

Es el autor del tercer evangelio y de los Hechos de los apóstoles, donde aparece acompañando al apóstol Pablo de Troas a Filipos, a Jerusalén, e incluso mientras estaba prisionero en Roma. Fue el único que lo acompañó la tarde antes de su martirio. Parece que murió martirizado colgado de un olivo.

A Lucas se le representa con un toro o buey, un animal de sacrificio, ya que su evangelio comienza con el sacrificio del padre de Juan Bautista, Zacarías. Además, Lucas narra de manera pormenorizada el sacrificio de Jesús en la cruz. Su evangelio parece que fue redactado entre el 61 y 63 d.C.

Su papel en la Iglesia ha sido vital. Se dice que pintó a la Virgen, ya que tenía dotes para la pintura. Parece que tuvo relación con la Virgen, y que esta le reveló misterios de la infancia de Jesús.

LA SANTÍSIMA TRINIDAD
INTRODUCCIÓN

Las memorias biográficas recuerdan el lema más empleado por Mamá Margarita, la madre de don Bosco: Dios te ve. Desde muy pequeños, Juanito y su hermano José, habían aprendido de su madre a vivir la presencia de Dios en sus vidas.

Una pequeña anécdota cuenta cómo en una noche estrellada mostró a sus hijos el cielo haciéndoles reflexionar sobre la Creación y el Paraíso. De esta manera, la mirada paterna y hermosa de Dios había quedado impregnada en el corazón de don Bosco.

EL OJO DE LA PROVIDENCIA

Este símbolo muchas veces asociado a la masonería, fue usado desde el Renacimiento para mostrar la omnisciencia y omnipresencia de Dios Padre. Este ojo incluido en el cuadro quiere representar a Dios Padre que, con su infinita misericordia, ratifica a su hijo Jesús y a su madre, María.

PALOMA DEL ESPÍRITU SANTO

Debajo del ojo providente de Dios aparece la paloma con las alas abiertas, símbolo del Espíritu Santo, tercera persona de la Trinidad. Es el Dios que quiere encarnarse en María para meterse en el mundo y transformarlo de una vez para siempre.

LA LUZ DE LA GRACIA

Irradiados del Padre aparecen diferentes rayos de luz símbolos de la gracia divina, que irradian la figura de la Virgen y el niño, recordando el momento de la Anunciación.

NIÑO JESÚS

La segunda persona de la trinidad, el Hijo, aparece en el cuadro como un niño en los brazos de su madre. Los colores rojo y verde de sus vestiduras tienen un gran significado. El primero de ellos hace referencia al amor y al sacrificio por nosotros. Es el lado humano del Hijo de Dios. El segundo es el color de la vida eterna y la esperanza que viene a traernos Jesús. Representa su divinidad.

El niño aparece con los brazos abiertos, mostrando misericordia y acogida. Es el rostro visible del amor infinito de Dios, que se dispone a ser acogido por cada uno de sus hijos. Está coronado como rey del universo, él es llamado el príncipe de la paz. Proclamar a Jesús rey es mostrar total adhesión y obediencia a su persona. Su reino no es como el de este mundo, sino que es un reino de amor y ternura, de comprensión y servicio a los más necesitados.

MARÍA AUXILIADORA

INTRODUCCIÓN

La virgen María ocupa la centralidad del cuadro, junto a su hijo, elevados sobre las nubes, en una posición más alta que el resto de apóstoles y mártires.

LA MUJER DEL APOCALIPSIS

La virgen de don Bosco está coronada como una reina, no solo por la diadema que reposa sobre su rubio cabello, sino como la mujer del Apocalipsis, con doce estrellas, vestida de sol. Alrededor de ella, formando la corona celestial, encontramos un numeroso grupo de ángeles. Estas doce estrellas son símbolo de las doce tribus de Israel, el pueblo elegido. Los doce apóstoles, pilares fundamentales, son los representantes del nuevo pueblo Israel.

Las seis puntas de las estrellas son el símbolo de María y del encuentro en ella entre Dios y los hombres.

Don Bosco quería que sobre los rayos estuvieran escritas las palabras "virtus altissimi obumbrabit tibi" (El poder del Altísimo te cubrirá con su sombra). María fue escogida por Dios para llevar a cabo su plan de salvación. Ella, con su manto, cubre a todos sus hijos con la protección y la ternura de Dios.

LA TÚNICA

Los famosos colores azul y rosa, que han recorrido el mundo entero representando a la virgen Auxiliadora, aparecen estampados en su túnica y su manto. El azul del manto recuerda su pureza, mientras que el rosa es símbolo de su realeza, conferida por el Espíritu Santo que la preservó del pecado original.

EL CETRO

Sujetado en su mano derecha, el cetro es símbolo de su realeza. Tras aclamarla en las letanías como Auxiliadora de los Cristianos, la proclamamos como Reina de los ángeles, patriarcas, profetas, apóstoles... Ella siempre va a ser nuestra defensora en el peligro.

LA ESTRELLA

La estrella de ocho puntas que une el manto propone a María como el umbral que nos lleva a Jesús (a Jesús por María). Es la estrella que nos guía al puerto de la salvación.

NOVENA A MARIA AUXILIADORA

PRIMER DÍA

Mujer llena de gracia

LECTURA DEL EVANGELIO LUCAS (1, 26-31)

Al sexto mes fue enviado por Dios el ángel Gabriel a una ciudad de Galilea, llamada Nazaret, a una virgen desposada con un hombre llamado José, de la casa de David; el nombre de la virgen era María. Y entrando, le dijo: «Alégrate, llena de gracia, el Señor está contigo.» Ella se conturbó por estas palabras, y discurría qué significaría aquel saludo. El ángel le dijo: «No temas, María, porque has hallado gracia delante de Dios; vas a concebir en el seno y vas a dar a luz un hijo, a quien pondrás por nombre Jesús.

DE LAS MEMORIAS DEL ORATORIO

Cuando viniste al mundo te consagré a la Santísima Virgen: cuando comenzaste tus estudios te recomendé la devoción a esta Madre nuestra; ahora te recomiendo que seas todo suyo: ama a los compañeros devotos de María y si llegas a ser sacerdote, recomienda y propaga siempre la devoción a María.

PALABRA DEL PAPA FRANCISCO (24 MARZO 2021)

Mujer del "sí", que ha acogido con prontitud la invitación del Ángel, responde también a nuestras súplicas, escucha nuestras voces, también las que permanecen cerradas en el corazón, que no tienen la fuerza de salir pero que Dios conoce mejor que nosotros mismos. Las escucha como Madre. Como y más que toda buena madre, María nos defiende en los peligros, se preocupa por nosotros, también cuando nosotros estamos atrapados por nuestras cosas y perdemos el sentido del camino.

FLORECILLA

Pide a la Virgen María que te enseñe a pedir la gracia de Dios que quiere derramarse en tu vida, para protegerte y darte fuerzas.

ORACIÓN A MARIA AUXILIADORA

Oh María Auxiliadora, mujer llena de gracia,
enséñanos a encontrarnos cada día con Jesús tu hijo.
Muéstranos el camino del discípulo que acoge en su corazón
el don del amor de Dios para que nos colme
de una alegría inmensa.

Dios te salve María...

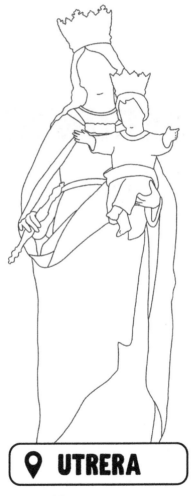

◉ UTRERA

SEGUNDO DÍA

SERVIDORA DE LA IGLESIA

LECTURA DEL EVANGELIO LUCAS (1, 34-38)

María respondió al ángel: «¿Cómo será esto, puesto que no conozco varón?» El ángel le respondió: «El Espíritu Santo vendrá sobre ti y el poder del Altísimo te cubrirá con su sombra; por eso el que ha de nacer será santo y será llamado Hijo de Dios. Mira, también Isabel, tu pariente, ha concebido un hijo en su vejez, y este es ya el sexto mes de aquella que llamaban estéril, porque ninguna cosa es imposible para Dios.» Dijo María: «He aquí la esclava del Señor; hágase en mí según tu palabra.» Y el ángel dejándola se fue.

DE LAS MEMORIAS DEL ORATORIO

- ¿Quién sois vos que me mandáis cosas imposibles?
- Precisamente porque te parecen imposibles, debes hacerlas posibles con la obediencia y con la adquisición de la ciencia.
- ¿Dónde y con qué medios podré adquirir la ciencia?
- Yo te daré la maestra bajo cuya guía podrás llegar a ser sabio y sin la cual toda ciencia es necedad.

PALABRA DEL PAPA FRANCISCO (JMJ PANAMÁ 2019)

Ella no era una "influencer", pero sin quererlo ni buscarlo se volvió la mujer que más influenció en la historia. Y le podemos decir con confianza de hijos: María, la "influencer" de Dios. Con pocas palabras se animó a decir "sí" y a confiar en el amor, a confiar en las promesas de Dios, que es la única fuerza capaz de renovar, de hacer nuevas todas las cosas. Y todos nosotros hoy tenemos algo que hacer nuevo adentro, hoy tenemos que dejar que Dios renueve algo en mi corazón.

FLORECILLA

Pide, como María, poder conocer cuál es la llamada de Dios para ti. Escucha la voz de Dios en tu corazón y respóndele con valentía.

ORACIÓN A MARIA AUXILIADORA

Oh María Auxiliadora, sierva siempre atenta a la voz de Dios,
haz nuestro corazón más parecido al tuyo.
Un corazón libre para aceptar la llamada que tu hijo nos hace.
Confiamos nuestra vocación en tus manos de madre,
manos de las que un día aprendimos una respuesta disponible,
libre y confiada.

Dios te salve María...

◉ TRINIDAD

TERCER DÍA

MADRE MISIONERA

LECTURA DEL EVANGELIO LUCAS (1, 39-45)

En cuanto oyó Isabel el saludo de María, saltó de gozo el niño en su seno, e Isabel quedó llena de Espíritu Santo; y exclamando con gran voz, dijo: «Bendita tú entre las mujeres y bendito el fruto de tu seno; y ¿de dónde a mí que la madre de mi Señor venga a mí? Porque, apenas llegó a mis oídos la voz de tu saludo, saltó de gozo el niño en mi seno. ¡Feliz la que ha creído que se cumplirían las cosas que le fueron dichas de parte del Señor!»

DEL TÍTULO DE MARÍA AUXILIADORA

Desde su altísimo trono de gloria, nos dirige sus maternales miradas y nos dice: Yo habito en el más alto trono de gloria para colmar de bendiciones a los que me aman [...] Desde la Asunción al cielo, empezó el constante ininterrumpido recurso de los cristianos a María, y nunca se oyó, dice San Bernardo, que nadie haya recurrido con confianza a esta piadosísima Virgen, y no haya sido escuchado.

PALABRA DEL PAPA FRANCISCO (23 DICIEMBRE 2018)

El evangelista nos dice que «se levantó María y se fue con prontitud» hacia Isabel: apresurada, no ansiosa, no ansiosa, sino con prontitud, en paz. «Se levantó»: un gesto lleno de preocupación. Podría haberse quedado en casa para prepararse para el nacimiento de su hijo, en lugar de eso, se preocupa primero de los demás que de sí misma, demostrando, de hecho, que ya es una discípula de ese Señor que lleva en su vientre.

FLORECILLA

Pide, como María, aprender a estar disponible para los demás, más allá de tus propias preocupaciones. Rompe con tu egoísmo y sal al encuentro de los que te necesitan.

ORACIÓN A MARIA AUXILIADORA

Oh María Auxiliadora,
tú eres columna que sostiene nuestra fe.
Enséñanos el camino que tenemos que seguir
para servir a los más pobres,
con una actitud siempre abierta y disponible
a las necesidades de los demás.

Dios te salve María...

CÓRDOBA

CUARTO DÍA

MUJER DE ALABANZA

LECTURA DEL EVANGELIO LUCAS (1, 46-50)

Engrandece mi alma al Señor y mi espíritu se alegra en Dios mi salvador porque ha puesto los ojos en la humildad de su esclava, por eso desde ahora todas las generaciones me llamarán bienaventurada, porque ha hecho en mi favor maravillas el Poderoso, Santo es su nombre y su misericordia alcanza de generación en generación a los que le temen.

DE LAS MARAVILLAS DE LA MADRE DE DIOS

¿Por qué la llamarían bienaventurada de todas las generaciones? Esta palabra no solo abraza a todos los hombres que vivieron en ese momento, sino también a los que vendrían más tarde hasta el fin del mundo. [...] Este beneficio continuo y admirable no puede ser otro que la ayuda que María presta a los hombres. Ayuda que tuvo que abrazar todos los tiempos, extenderse a todos los lugares.

PALABRA DEL PAPA FRANCISCO (7 ABRIL 2021)

En las oraciones que encontramos en la Biblia, y que a menudo resuenan en la liturgia, vemos la huella de historias antiguas, de liberaciones prodigiosas, de deportaciones y tristes exilios, de regresos conmovidos, de alabanzas derramadas ante las maravillas de la creación... [...] En la oración de alabanza, especialmente en la que brota del corazón de los pequeños y los humildes, resuena algo del cántico del Magnificat que María elevó a Dios ante su pariente Isabel; o de la exclamación del anciano Simeón que, tomando al Niño Jesús en sus brazos.

FLORECILLA

Alaba con María al Señor. Haz que brote de tu corazón un canto de alabanza y acción de gracias por las maravillas que hace Dios en cada uno de sus hijos.

ORACIÓN A MARIA AUXILIADORA

María Auxiliadora, bendita eres tú,
por ser la mujer creyente que supo alabar la grandeza de Dios.
Junto a ti María, bendecimos al Señor
por las maravillas que ha realizado en nosotros,
por el don de la vida
y de las personas que forman parte de ella.

Dios te salve María...

ROTA

QUINTO DÍA

MUJER DEL SILENCIO

LECTURA DEL EVANGELIO LUCAS (2, 17-19)

Encontraron a María y a José, y al niño acostado en el pesebre. Al verlo, dieron a conocer lo que les habían dicho acerca de aquel niño; y todos los que lo oyeron se maravillaban de lo que los pastores les decían. María, por su parte, guardaba todas estas cosas, y las meditaba en su corazón.

DEL SUEÑO DE LAS DOS COLUMNAS

En esa majestuosa nave completamente amueblada, muchas naves espaciales están a su disposición, las cuales reciben de ella señales de comando y realizan evoluciones para defenderse de las flotas contrarias. El viento está en contra de ellos y el mar agitado parece favorecer a los enemigos. En medio de la inmensa extensión del mar, dos columnas fuertes y altas se levantan de las olas, no muy lejos una de la otra. Encima de uno está la estatua de la Inmaculada Virgen, a cuyos pies cuelga un gran letrero con esta inscripción: - Auxilium Christianorum - en el otro, que es mucho más alto y más grueso, hay una Hostia.

PALABRA DEL PAPA FRANCISCO (17 NOVIEMBRE 2020)

Todo lo que pasa a su alrededor termina teniendo un reflejo en lo más profundo de su corazón. [...] Todo termina en su corazón, para que pase la criba de la oración y sea transfigurado por ella. Ya sean los regalos de los Magos, o la huida en Egipto, hasta ese tremendo viernes de pasión: la Madre guarda todo y lo lleva a su diálogo con Dios.

FLORECILLA

Medita, junto a María, sobre tu vida, dando gracias a Dios por todos los momentos que te ha regalado, y buscando enseñanzas de aquellos momentos en los que te has caído.

ORACIÓN A MARIA AUXILIADORA

Madre Auxiliadora, mi corazón rebosa de alegría y regocijo
al contemplar los prodigios que Dios ha realizado en mi vida.
Contigo madre sé que todo va a ir bien,
aun en momentos de tempestad.
Tú eres consuelo y columna que sostiene mi vida.

Dios te salve María...

📍 CÁDIZ

SEXTO DÍA

OYENTE DE LA PALABRA

LECTURA DEL EVANGELIO LUCAS (11, 27-29)

Sucedió que, estando él diciendo estas cosas, alzó la voz una mujer de entre la gente, y dijo: «¡Dichoso el seno que te llevó y los pechos que te criaron!» Pero él dijo: «Dichosos más bien los que oyen la Palabra de Dios y la guardan.»

DE LA CONFERENCIA DE 1877

Os recomiendo, [...] que el nombre de María quede grabado en vuestra mente y en vuestro corazón; invoca siempre el nombre de María, especialmente con la jaculatoria: María Auxilium Christianorum, ora pro me. Es una oración breve pero muy eficaz. Cuando queráis obtener una gracia espiritual, [...] si alguno de vosotros quiere verse libre de alguna tentación o adquirir cualquier virtud, no tiene más que invocar a la Virgen.

PALABRA DEL PAPA FRANCISCO (29 DICIEMBRE 2019)

¿Cómo no asombrarse, por ejemplo, de la docilidad de María a la acción del Espíritu Santo que le pide que se convierta en la madre del Mesías? Porque María, como toda joven de su tiempo, estaba a punto de realizar su proyecto de vida, es decir, casarse con José. Pero cuando se dio cuenta de que Dios la llamaba a una misión particular, no dudó en proclamarse su "esclava" (cf. Lucas 1, 38). Jesús exaltará su grandeza no tanto por su papel de madre, sino por su obediencia a Dios.

FLORECILLA

Toma la biblia entre tus manos y pide al Señor que ilumine tu vida con ella. Escucha su voz para cumplir en tu vida su voluntad.

ORACIÓN A MARIA AUXILIADORA

Queremos ser como tú, María,
saboreadores de la Palabra de Dios,
oyentes del mensaje que tu hijo Jesús vino a traer al mundo.
Que tus pasos guíen nuestro caminar
para practicar la justicia y la paz que él nos pidió.

Dios te salve María...

◉ ALGECIRAS

SÉPTIMO DÍA

DISCÍPULA DE JESÚS

LECTURA DEL EVANGELIO JUAN (2, 21-38)

Fue invitado a la boda Jesús con sus discípulos. Y, como faltara vino, porque se había acabado el vino de la boda, le dice a Jesús su madre: «No tienen vino.» Jesús le responde: «¿Qué tengo yo contigo, mujer? Todavía no ha llegado mi hora.» Dice su madre a los sirvientes: «Haced lo que él os diga.»

DE LAS MARAVILLAS DE LA MADRE DE DIOS

La bondad de María hacia nosotros, demostrada en este hecho, brilla aún más en la conducta que tuvo después de la respuesta de su divino Hijo. A las palabras de Jesús, un alma menos confiada y menos valiente que María habría desistido de esperar más. María no se turbó por nada, se dirigió a los sirvientes de la mesa y les dijo: Haced lo que él os diga.

PALABRA DEL PAPA FRANCISCO (20 ENERO 2019)

El banquete de bodas de Caná es una imagen de la Iglesia: en el centro está Jesús misericordioso que realiza la señal; a su alrededor están los discípulos, las primicias de la nueva comunidad; y cerca de Jesús y de sus discípulos está María, Madre previsora y orante. María participa en el gozo de la gente común y contribuye a aumentarlo; intercede ante su Hijo por el bien de los esposos y de todos los invitados. Y Jesús no rechazó la petición de su Madre. Cuánta esperanza nos da este acontecimiento. Tenemos una Madre con ojos vigilantes y compasivos, como los de su Hijo; con un corazón maternal lleno de misericordia, como Él; [...] Esto nos llena de confianza y nos abre a la gracia y a la misericordia de Cristo.

FLORECILLA

Confía en María tus dificultades y problemas. Acude a ella para tomar la fuerza necesaria para seguir adelante.

ORACIÓN A MARIA AUXILIADORA

Virgen madre, tú eres mi auxilio y escudo,
tú eres la fuerza que me invita a seguir adelante,
la mano que me empuja hacia un futuro sorprendente.
Ayúdame a escuchar tu invitación para servir a tu hijo Jesús,
el único capaz de transformar en vino nuestras vidas.

Dios te salve María...

📍 MÁLAGA

OCTAVO DÍA

MADRE DE LA HUMANIDAD

LECTURA DEL EVANGELIO JUAN (19, 25-27)

Junto a la cruz de Jesús estaban su madre y la hermana de su madre, María, mujer de Cleofás, y María Magdalena. Jesús, viendo a su madre y junto a ella al discípulo a quien amaba, dice a su madre: «Mujer, ahí tienes a tu hijo.» Luego dice al discípulo: «Ahí tienes a tu madre.» Y desde aquella hora el discípulo la acogió en su casa.

DE LAS MARAVILLAS DE LA MADRE DE DIOS

María, convirtiéndose en Madre nuestra en el monte Calvario no solo recibió allí el título de Auxilio de los cristianos, sino que adquirió la encomienda, el magisterio, el deber. Tenemos, pues, nosotros un derecho sagrado a pedir el auxilio de María. Este derecho está consagrado por la palabra de Jesús y garantizado por la ternura materna de María.

PALABRA DEL PAPA FRANCISCO (1 ENERO 2020)

Jesús extendió la maternidad de María a toda la Iglesia cuando se la encomendó al discípulo amado, poco antes de morir en la cruz. Desde ese momento, todos nosotros estamos colocados bajo su manto, como se ve en ciertos frescos y cuadros medievales.

También la primera antífona latina — Sub tuum praesidium confugimus, sancta Dei Genitrix: la Virgen que, como Madre a la cual Jesús nos ha encomendado, envuelve a todos nosotros; pero como Madre, no como diosa, no como corredentora: como Madre.

FLORECILLA

Mira a María y siente la mirada de una madre que te quiere con una ternura incalculable.

ORACIÓN A MARIA AUXILIADORA

Mirarte, madre Auxiliadora,
despierta en mi corazón una emoción grande,
despliega en mi alma un sentimiento fuerte de amor.
Dame un corazón capaz de dejarse educar
por una madre como tú.
Gracias por ser ternura, gracias por ser paciente,
gracias por ser mi madre.

Dios te salve María...

📍 TRIANA

NOVENO DÍA

CENTRO DE LA COMUNIDAD

LECTURA DE LOS HECHOS DE LOS APÓSTOLES (1, 12-14)

Entonces se volvieron a Jerusalén desde el monte llamado de los Olivos, que dista poco de Jerusalén, el espacio de un camino sabático. Y cuando llegaron subieron a la estancia superior, donde vivían, Pedro, Juan, Santiago y Andrés; Felipe y Tomás; Bartolomé y Mateo; Santiago de Alfeo, Simón el Zelotes y Judas de Santiago. Todos ellos perseveraban en la oración, con un mismo espíritu en compañía de algunas mujeres, de María, la madre de Jesús, y de sus hermanos.

DE LAS MEMORIAS BIOGRÁFICAS

En 1885, Don Bosco fue a Niza-Monferrato para la toma de hábito y profesión de las Hijas de María Auxiliadora. [...]

– Así que vosotras queréis que os diga algo. ¡Cuántas cosas querría deciros, si pudiese hablar! Pero soy viejo, viejo decrépito, como veis. Sólo quiero deciros que la Virgen os quiere mucho, muchísimo. Y no lo sabéis, ¡Ella en persona se encuentra aquí en medio de vosotras!

Entonces don Juan Bonetti, al verle conmovido, lo interrumpió, y empezó a decir, solo para distraerlo: "¡Sí, así..., así...! Don Bosco quiere decir que la Virgen es vuestra Madre y que os mira y os protege".

- ¡No, no -reanudó el Santo-, quiero decir que la Virgen está realmente aquí, en esta casa; que está contenta de vosotras.

PALABRA DEL PAPA FRANCISCO (7 ABRIL 2021)

También estará presente en el Cenáculo, después de la resurrección y de la ascensión, para implorar el don del Espíritu con los apóstoles (cf. Hch 1,14). El movimiento de amor entre el Padre y el Hijo en el Espíritu ha recorrido nuestra historia; Cristo nos atrae a sí para salvarnos.

FLORECILLA

Invoca, con María, al Espíritu Santo. Pídele fe y perseverancia, para que te conviertas también en motor de tu comunidad.

ORACIÓN A MARIA AUXILIADORA

María Auxiliadora, gracias por estar junto a nosotros
para mostrarnos a tu hijo Jesús.
Enséñanos a tener una fe inquebrantable como la tuya.
Imploramos, junto a ti, al Espíritu Santo,
para ir al encuentro de los demás con alegría y entrega.

Dios te salve María...

📍 HUELVA

24 DE MAYO

AUXILIO DE LA HUMANIDAD

LECTURA DEL LIBRO DEL APOCALIPSIS (12,1-2)

Una gran señal apareció en el cielo: una Mujer, vestida del sol, con la luna bajo sus pies, y una corona de doce estrellas sobre su cabeza; está encinta, y grita con los dolores del parto y con el tormento de dar a luz.

DE NUEVE DÍAS CONSAGRADOS A LA AUGUSTA MADRE DEL SALVADOR

Una buena madre es siempre un verdadero tesoro y un gran consuelo para su familia. María nuestra misericordiosa madre es manantial de gracias y bendiciones para las familias cristianas [...] Nosotros vivimos como en un mar tempestuoso, como en un destierro, como en un Valle de lágrimas [...] María es la estrella del mar, el consuelo en nuestro destierro , la luz que nos alumbra, el camino hacia el cielo.

PALABRA DEL PAPA FRANCISCO (FRATELLI TUTTI 278)

Para muchos cristianos, este camino de fraternidad tiene también una Madre, llamada María. Ella recibió ante la Cruz esta maternidad universal (cf. Jn 19,26) y está atenta no sólo a Jesús sino también «al resto de sus descendientes» (Ap 12,17). Ella, con el poder del Resucitado, quiere parir un mundo nuevo, donde todos seamos hermanos, donde haya lugar para cada descartado de nuestras sociedades, donde resplandezcan la justicia y la paz.

FLORECILLA

Entrégate como María a los más pobres y descartados de la sociedad, para poder luchar por la Paz y la justicia social. Ella cuenta contigo para hacer de este mundo un lugar donde quepamos todos.

ORACIÓN A MARIA AUXILIADORA

María Auxiliadora, eres reina del mundo.
Cúbrelo con tu manto de protección
para que todos tus hijos e hijas
vivan para siempre en paz y concordia,
para que sus corazones palpiten siempre unidos
en una humanidad más fraterna.

Dios te salve María...

TURÍN

ORACIONAL

EL SANTO ROSARIO

1. MISTERIOS GOZOSOS

(LUNES Y SÁBADO)

En el **primer misterio** contemplamos a Jesús que se encarna en el seno de María:

> *El ángel le dijo: «No temas, María, porque has hallado gracia delante de Dios: vas a concebir en el seno y vas a dar a luz un hijo, a quien pondrás por nombre Jesús.*

> *Lucas 1, 30-31*

En el **segundo misterio** contemplamos la visita de María a su prima Isabel:

> *En cuanto oyó Isabel el saludo de María, saltó de gozo el niño en su seno, e Isabel quedó llena de Espíritu Santo; y exclamando con gran voz, dijo: «Bendita tú entre las mujeres y bendito el fruto de tu seno*

> *Lucas 1, 41-42*

En el **tercer misterio** contemplamos el nacimiento de Jesús en Belén:

> *Encontraron a María y a José, y al niño acostado en el pesebre. Al verlo, dieron a conocer lo que les habían dicho acerca de aquel niño; y todos los que lo oyeron se maravillaban de lo que los pastores les decían. María, por su parte, guardaba todas estas cosas, y las meditaba en su corazón.*

> *Lucas 2, 17-19*

En el **cuarto misterio** contemplamos la presentación de Jesus en el templo:

Movido por el Espíritu, vino al Templo; y cuando los padres introdujeron al niño Jesús, para cumplir lo que la Ley prescribía sobre él, le tomó en brazos y bendijo a Dios.

Lucas 2, 27-28

En el **quinto misterio** contemplamos a Jesús perdido y hallado en el templo:

Pasados los días, el niño Jesús se quedó en Jerusalén, sin saberlo su padres. Pero creyendo que estaría en la caravana, hicieron un día de camino, y le buscaban entre los parientes y conocidos; pero al no encontrarle, se volvieron a Jerusalén en su busca. Y sucedió que, al cabo de tres días, le encontraron en el Templo sentado en medio de los maestros, escuchándoles y preguntándoles; todos los que le oían, estaban estupefactos por su inteligencia y sus respuestas

Lucas 3, 43-47

2.MISTERIOS LUMINOSOS

(JUEVES)

En el **primer misterio** contemplamos a Jesús que es bautizado por Juan en el Jordán:

> *Y sucedió que por aquellos días vino Jesús desde Nazaret de Galilea, y fue bautizado por Juan en el Jordán. En cuanto salió del agua vio que los cielos se rasgaban y que el Espíritu, en forma de paloma, bajaba a él. Y se oyó una voz que venía de los cielos: «Tú eres mi Hijo amado, en ti me complazco.»*

Marcos 1, 9-11

En el **segundo misterio** contemplamos el primer milagro de Jesús en las bodas de Caná:

> *«Todos sirven primero el vino bueno y cuando ya están bebidos, el inferior. Pero tú has guardado el vino bueno hasta ahora.» Así, en Caná de Galilea, dio Jesús comienzo a sus señales. Y manifestó su gloria, y creyeron en él sus discípulos.*

Juan 2, 10-11

En el **tercer misterio** contemplamos el anuncio del Reino de Dios.:

> *Desde entonces comenzó Jesús a predicar y decir: «Convertíos, porque el Reino de los Cielos ha llegado»*

Mateo 4, 17

En el **cuarto misterio** contemplamos la transfiguración de Jesús en el monte Tabor:

> *Tomando Pedro la palabra, dijo a Jesús: «Señor, bueno es estarnos aquí. Si quieres, haré aquí tres tiendas, una para ti, otra para Moisés y otra para Elías» Todavía estaba hablando, cuando una nube luminosa los cubrió con su sombra y de la nube salía una voz que decía: «Este es mi Hijo amado, en quien me complazco: escuchadle.»*

Mateo 15, 4-5

En el **quinto misterio** contemplamos a Jesús que instituye la eucaristía:

> *Mientras estaban comiendo, tomó Jesús pan y lo bendijo, lo partió y, dándoselo a sus discípulos, dijo: «Tomad, comed, éste es mi cuerpo» Tomó luego una copa y, dadas las gracias, se la dio diciendo: «Bebed de ella todos, porque ésta es mi sangre de la Alianza, que es derramada por muchos para perdón de los pecados.*

Mateo 26, 26-28

3. MISTERIOS DOLOROSOS

(MARTES Y VIERNES)

En el **primer misterio** contemplamos a Jesús que sufre y reza en el huerto de los Olivos:

> *Toma consigo a Pedro, Santiago y Juan, y comenzó a sentir pavor y angustia. Les dice: «Mi alma está triste hasta el punto de morir; quedaos aquí y velad.» Y adelantándose un poco, caía en tierra y suplicaba que a ser posible pasara de él aquella hora. Decía: «¡Abbá, Padre!; todo es posible para ti; aparta de mí esta copa; no sea lo que yo quiero, sino lo que quieras tú.»*

> *Marcos 14, 33-36*

En el **segundo misterio** contemplamos la flagelación de Jesús:

> *Pilato les decía: «Pero ¿qué mal ha hecho?» Pero ellos gritaron con más fuerza: «¡Crucifícale!» Pilato, entonces, queriendo complacer a la gente, les soltó a Barrabás y entregó a Jesús, después de azotarle, para que fuera crucificado.*

> *Marcos 15, 14-15*

En el **tercer misterio** contemplamos la coronación de espinas de Jesús:

> *Los soldados le llevaron dentro del palacio, es decir, al pretorio y llaman a toda la cohorte. Le visten de púrpura y, trenzando una corona de espinas, se la ciñen. Y se pusieron a saludarle: «¡Salve, Rey de los judíos!»*

> *Marcos 15,16-18*

En el **cuarto misterio** contemplamos a Jesús cargado de la cruz en el Calvario:

> *Cuando se hubieron burlado de él, le quitaron la púrpura, le pusieron sus ropas y le sacan fuera para crucificarle. Y obligaron a uno que pasaba, a Simón de Cirene, que volvía del campo, el padre de Alejandro y de Rufo, a que llevara su cruz. Le conducen al lugar del Gólgota, que quiere decir: Calvario.*

Mateo 15, 20-22

En el **quinto misterio** contemplamos a Jesús que muere en la cruz:

> *Llegada la hora sexta, hubo oscuridad sobre toda la tierra hasta la hora nona. A la hora nona gritó Jesús con fuerte voz: «Eloí, Eloí, ¿lema sabactaní?», – que quiere decir – «¡Dios mío, Dios mío! ¿por qué me has abandonado?» Al oír esto algunos de los presentes decían: «Mira, llama a Elías» Entonces uno fue corriendo a empapar una esponja en vinagre y, sujetándola a una caña, le ofrecía de beber, diciendo: «Dejad, vamos a ver si viene Elías a descolgarle» Pero Jesús lanzando un fuerte grito, expiró.*

Marcos 15, 33-37

4. MISTERIOS GLORIOSOS

(MIÉRCOLES Y DOMINGOS)

En el **primer misterio** contemplamos la Resurrección de Jesús:

Como ellas temiesen e inclinasen el rostro a tierra, les dijeron: «¿Por qué buscáis entre los muertos al que está vivo? No está aquí, ha resucitado. Recordad cómo os habló cuando estaba todavía en Galilea.

Lucas 24, 5-6

En el **segundo misterio** contemplamos la Ascensión de Jesús a los cielos:

Con esto, el Señor Jesús, después de hablarles, fue elevado al cielo y se sentó a la diestra de Dios. Ellos salieron a predicar por todas partes, colaborando el Señor con ellos y confirmando la Palabra con las señales que la acompañaban.

Marcos 16, 19-20

En el **tercer misterio** contemplamos la venida del Espíritu Santo:

De repente vino del cielo un ruido como el de una ráfaga de viento impetuoso, que llenó toda la casa en la que se encontraban. Se les aparecieron unas lenguas como de fuego que se repartieron y se posaron sobre cada uno de ellos; quedaron todos llenos del Espíritu Santo y se pusieron a hablar en otras lenguas, según el Espíritu les concedía expresarse.

Hechos 2, 2-4

En el **cuarto misterio** contemplamos la Asunción de María al cielo:

> *Sucedió que, estando él diciendo estas cosas, alzó la voz una mujer de entre la gente, y dijo: «¡Dichoso el seno que te llevó y los pechos que te criaron!» Pero él dijo: «Dichosos más bien los que oyen la Palabra de Dios y la guardan.»*

> *Lucas 11,27-28*

En el **quinto misterio** contemplamos la coronación de María como Reina y Señora de todo lo creado:

> *Una gran señal apareció en el cielo: una Mujer, vestida del sol, con la luna bajo sus pies, y una corona de doce estrellas sobre su cabeza: está encinta, y grita con los dolores del parto y con el tormento de dar a luz.*

> *Apocalipsis 12,1-2*

LETANÍAS

Señor, ten piedad
Cristo, ten piedad
Señor, ten piedad.
Cristo, óyenos.
Cristo, escúchanos.

Dios, Padre celestial,
ten piedad de nosotros.
Dios, Hijo, Redentor
del mundo,
Dios, Espíritu Santo,
Trinidad Santa, un solo Dios,

Santa María,
ruega por nosotros.
Santa Madre de Dios,
Santa Virgen de las Vírgenes,
Madre de Cristo,
Madre de la Iglesia,
Madre de la misericordia,
Madre de la divina gracia,
Madre de la esperanza,
Madre purísima,
Madre castísima,
Madre siempre virgen,
Madre inmaculada,
Madre amable,
Madre admirable,
Madre del buen consejo,
Madre del Creador,
Madre del Salvador,

Virgen prudentísima,
Virgen digna de veneración,
Virgen digna de alabanza,
Virgen poderosa,
Virgen clemente,
Virgen fiel,
Espejo de justicia,
Trono de la sabiduría,
Causa de nuestra alegría,
Vaso espiritual,
Vaso digno de honor,
Vaso de insigne devoción,
Rosa mística,
Torre de David,
Torre de marfil,
Casa de oro,
Arca de la Alianza,
Puerta del cielo,
Estrella de la mañana,
Salud de los enfermos,
Refugio de los pecadores,
Consuelo de los migrantes,
Consoladora de los afligidos,
Auxilio de los cristianos,
Reina de los Ángeles,
Reina de los Patriarcas,
Reina de los Profetas,
Reina de los Apóstoles,
Reina de los Mártires,
Reina de los Confesores,
Reina de las Vírgenes,

Reina de todos los Santos,
Reina concebida sin pecado original,
Reina asunta a los Cielos,
Reina del Santísimo Rosario,
Reina de la familia,
Reina de la paz.

Cordero de Dios, que quitas el pecado del mundo,
R./ perdónanos, Señor.
Cordero de Dios, que quitas el pecado del mundo,
R./ escúchanos, Señor.
Cordero de Dios, que quitas el pecado del mundo,
R./ ten misericordia de nosotros.

Ruega por nosotros, Santa Madre de Dios.
R./ Para que seamos dignos de las promesas de Cristo.

ORACIÓN

Te rogamos nos concedas, Señor Dios nuestro, gozar de continua salud de alma y cuerpo, y por la gloriosa intercesión de la bienaventurada siempre Virgen María, vernos libres de las tristezas de la vida presente y disfrutar de las alegrías eternas. Por Jesucristo nuestro Señor.

Amén.

PLEGARIAS A MARÍA AUXILIADORA

ÁNGELUS

(CASTELLANO)

V./ El Ángel del Señor anunció a María.
R./ Y concibió por obra y gracia de Espíritu Santo.

Dios te salve María...

V./ Aquí está la esclava del Señor.
R./ Hágase en mí según tu palabra.

Dios te salve María...

V./Y el verbo de Dios se hizo carne.
R./ Y acampó entre nosotros.

Dios te salve María...

V./Ruega por nosotros Santa Madre de Dios.
R./Para que seamos dignos de alcanzar la promesas de Jesucristo.

ORACIÓN

Derrama, Señor, tu gracia sobre nosotros, que hemos conocido por el anuncio del ángel la encarnación de tu Hijo, para que lleguemos por su pasión y su cruz, a la Gloria de la Resurrección. Por Jesucristo, nuestro Señor. Amén.

ÁNGELUS

(LATÍN)

V./ Angelus Domini nuntiavit Mariae.
R./ Et concepit de Spiritu Sancto.

V./ Ecce ancilla Domini,
R./ Fiat mihi secundum verbum tuum.

V./ Et Verbum caro factum est,
R./ Et habitavit in nobis.

Ave Maria, gratia plena; Dominus tecum: benedicta tu in mulieribus, et benedictus fructus ventris tui Iesus. Sancta Maria, Mater Dei ora pro nobis peccatoribus, nunc et in hora mortis nostrae. Amen.

V. Ora pro nobis, sancta Dei Genetrix,
R. Ut digni efficiamur promissionibus Christi.

OREMUS

Gratiam tuam, quaesumus, Domine, mentibus nostris infunde; ut qui, Angelo nuntiante, Christi Filii tui incarnationem cognovimus, per passionem eius et crucem ad resurrectionis gloriam perducamur. Per eumdem Christum Dominum nostrum. Amen.

REGINA CAELI

(CASTELLANO)

V./ Reina del cielo, alégrate, aleluya.
R./ Porque el Señor, a quien has merecido llevar, aleluya.

V./ Ha resucitado según su palabra, aleluya.
R./ Ruega al Señor por nosotros, aleluya.

V./ Alégrate Virgen María, aleluya.
R./ Porque ha resucitado el Señor, aleluya.

OREMOS

Oh Dios, que por la resurrección de Tu Hijo, Nuestro Señor Jesucristo, has llenado el mundo de alegría, concédenos, por intercesión de su Madre, la Virgen María, llegar a los gozos eternos. Por Jesucristo Nuestro Señor. Amén.

Gloria al Padre y al Hijo y al Espíritu Santo, como era en el principio ahora y siempre por los siglos de los siglos. Amén. (tres veces)

REGINA CAELI

(LATÍN)

Regina, caeli, laetare, alleluia:
Quia quem meruisti portare, alleluia,
Resurrexit sicut dixit, alleluia.
Ora pro nobis Deum, alleluia.

V./ Gaude et laetare, Virgo Maria, alleluia,
R./ Quia surrexit Dominus vere, alleluia.

OREMUS

Deus, qui per resurrectionem Filii tui, Domini nostri Iesu Christi, mundum laetificare dignatus es: praesta, quaesumus; ut, per eius Genetricem Virginem Mariam, perpetuae capiamus gaudia vitae. Per eundem Christum Dominum nostrum. Amen.

Gloria Patri, et Filio, et Spiritui Sancto. Sicut erat in principio, et nunc et semper, et in saeccula saeculorum. Amen. (3 veces)

SALVE REGINA

(CASTELLANO)

(LATÍN)

Dios te salve, Reina
y Madre de misericordia,
vida, dulzura
y esperanza nuestra;
Dios te salve.

Salve, Regina,
mater misericordiae;
vita dulcendo
et spes nostra, salve.

A ti llamamos
los desterrados hijos de Eva;
a ti suspiramos,
gimiendo y llorando
en este valle de lágrimas.

Ad te clamamus, exules,
ilii Evae.
Ad te suspiramus,
gementes et flentes
in hac lacrimarum valle.

Ea, pues, Señora,
abogada nuestra,
vuelve a nosotros esos
tus ojos misericordiosos;
y después de este destierro,
muéstranos a Jesús,
fruto bendito de tu vientre.

Eia ergo advocata nostra,
illos   tuos   misericordes
oculos ad nos converte.
Et Iesum, benedictus fructus
ventris tui, nobis
post hoc exsilium ostende.

¡Oh, clementísima, oh piadosa,
oh dulce Virgen María!

O clemens, O pía,
o dulcis Virgo María.

MAGNIFICAT

(CASTELLANO)

Proclama mi alma la grandeza del Señor,
se alegra mi espíritu en Dios, mi salvador;
porque ha mirado la humillación de su esclava.

Desde ahora me felicitarán todas las generaciones,
porque el Poderoso ha hecho obras grandes por mí:
su nombre es santo, y su misericordia llega a sus fieles
de generación en generación.

Él hace proezas con su brazo:
dispersa a los soberbios de corazón,
derriba del trono a los poderosos
y enaltece a los humildes,
a los hambrientos los colma de bienes
y a los ricos los despide vacíos.

Auxilia a Israel, su siervo, acordándose de la misericordia
—como lo había prometido a nuestros padres—
en favor de Abrahán y su descendencia por siempre.

Gloria al Padre, y al Hijo...

BENDICIÓN DE MARÍA AUXILIADORA

V./ Nuestro auxilio es el nombre del Señor.
R./ Que hizo el cielo y la tierra.

Dios te salve María...

Bajo tu protección nos acogemos, Santa Madre de Dios, no deseches las súplicas que te dirigimos en nuestras necesidades; antes bien, líbranos siempre de todo peligro, Virgen gloriosa y bendita.

V./ María Auxilio de los cristianos.
R./ Ruega por nosotros.
V./ Señor, escucha nuestra oración
R./ Y llegue a ti nuestro clamor.

OREMOS

Dios todopoderoso y eterno, que con la ayuda del Espíritu Santo, preparaste el cuerpo y el alma de María, la Virgen Madre, para ser digna morada de tu Hijo; al recordarla con alegría, líbranos por su intercesión de los males presentes y de la muerte eterna. Por Jesucristo, nuestro Señor. Amén.

La bendición de Dios Topoderoso, Padre, Hijo y Espíritu Santo, Descienda sobre nosotros y permanezca para siempre. Amén.

www.culturayfe.es

Made in United States
North Haven, CT
09 April 2022

18067950R00046